© 1992 Benedikt Taschen Verlag GmbH
Hohenzollernring 53, D-5000 Köln 1
Gustav Klimt: The Kiss (detail), 1907/08
Der Kuß (Detail) / Le Baiser (détail)
Öl auf Leinwand / Oil on canvas /
Huile sur toile
180 x 180 cm
Wien, Österreichische Galerie
ISBN 3-8228-9364-1